El Acantilado, 492

EN EL JARDÍN DEL POEMA

JUAN ANTONIO
MASOLIVER RÓDENAS

EN EL JARDÍN
DEL POEMA

BARCELONA 2024  ACANTILADO

Publicado por
ACANTILADO
Quaderns Crema, S. A.

Muntaner, 462 - 08006 Barcelona
Tel. 934 144 906
correo@acantilado.es
www.acantilado.es

En la cubierta, *Casa blancas de Capri* (1882), de Henrique Pousão

ISBN: 978-84-19958-32-7
DEPÓSITO LEGAL: B. 18 960-2024

AIGUADEVIDRE *Gráfica*
QUADERNS CREMA *Composición*
LIBERDÚPLEX *Impresión y encuadernación*

PRIMERA EDICIÓN *noviembre de 2024*

A Sònia,
mi ángel de la guardia,
dulce compañía.

Yo no he nacido en España
ni en Aragón ni en Reixach,
sino en un pueblo
que llamamos El Masnou,
y donde juegan al fútbol
las monjas
en la calle Fontanills,
los niños tienen bigote,
el reverendo Pujadas
camina con su incensario
y en mi casa celebramos
con higos chumbos y cardos
la primera comunión
de mi madre, que es,
nos dice
riendo como un conejo,
la última o la penúltima.
Este año celebramos
San Pedro, San Antonio,
san Jacinto Ros, que vive
en la calle Pere Grau,
y una santa que trabaja
en el bar de los escotes.
Y amo tanto a mi pueblo
que cojo un tren que me lleve
de Ocata a Ocata.
Bebo una horchata
en casa de Pilar Híjar,
se la pago con un beso

en la mejilla y regreso
a mi terraza a admirar
el pueblo donde he nacido
y donde estáis invitados
todos los que sois
de cualquier lugar del mundo
que no sean Barcelona,
ni España ni Reixach,
donde pasea una bruja
con escoba y delantal.
Y aunque seamos españoles
yo sólo soy del Masnou.

Mi madre no me puede amar
porque está muerta.
Salgo al jardín que ella
—hija de hortelanos—
cultivaba como si fuese frutos.
Busco las huellas de sus zapatillas,
la sombra de sus manos
en las caléndulas,
el eco de su voz en sus canciones.
Arranco un albaricoque
del albaricoquero
y extiendo mi mano
que es una oferta
a la que fue
y ha dejado de ser.
Yo sí que puedo amar
y amo un vacío
lleno de recuerdos
como sombras
que me acogen dulcemente,
como es dulce
todo lo que dejó de existir
y que es parte de nuestra vida,
lo que existió
y será existencia para siempre.
La ausencia del amor está en mí
como las flores del jardín,
fruto en el corazón, brisa
de luz, lejanía
que acaricio y me acaricia.

Abandonado en una carretera sin fin,
sin pueblos, sin casas,
sin pájaros en el cielo
ni sombras en la tierra.
Oigo las voces del silencio
y a ellas me acojo para siempre.

En la terraza
miro las infinitas ventanas
de las casas de enfrente
por si hay alguna mujer desnuda.
No me importa la edad.
Me basta con que sea mujer
y aprecie las miradas obscenas
de quien no va a dar o a recibir
nada más, lujuria de la mente,
deseo como la cuerda del funámbulo
que se rompe y lo arroja al vacío.
No, tanta teta y tanta nalga
no son mi tema poético
sino que soy yo que de pequeño
vio desde la ventana
orinar a una niña. Y ambos
miramos el chorro
deslizarse por la acera
de la casa de las paredes curvas.
Pero lo que ahora recuerdo
no es el orín. Veo a una muchacha
con las faldas levantadas
que al verme mirarla
se desnuda y se aleja corriendo,
exhibiendo entre risas
unas nalgas, un pubis y
unas tetas, agraciadas hermanas.
Quisiera ser e. e. cummings,
que viene y nos dice:

«Con un sueño en mis ojos
esta noche», y allí, en la noche
«te mostraré lugares
que nadie conoce,
y si tú quieres
las perfectas regiones del sueño»
que luego escribiré como escribí
aquel cuerpo desnudo
en la acera de mi casa.

No es la poesía
escrita en el papel
lo que me atrae
sino el papel,
como un espejo
que me acompaña
y me reconoce.
Tendales de papel
al sol
que una muchacha
descolgará
descubriendo sus nalgas
mientras mira
las hojas en blanco,
palabras silenciosas
donde ella lee
palabras de amor
o de ruptura,
lágrimas de papel
que afligen o consuelan.

Entraba en los bares
totalmente desnudo
porque al Llanero Solitario
ahora le llamaban
el Pito Solitario.
Él lloraba su desventura,
los compañeros
le acercaban la cerveza
o el anís, o el orujo,
o la cazalla, o el calvados
y decían: «A tu salud,
camarada»,
y el hombre sollozaba
hasta que alguna mujer
—él las prefería rubias—
lo tomaba con delicadeza
o se arrodillaba
para acercarlo
no sé si a las tetas
o al corazón.
La mesera lloraba y reía
todo al mismo tiempo
y el Pito Solitario
apuraba su cerveza
y abandonaba el bar.
Los más perversos
decían que se iba
a la búsqueda de prostitutas,
a calmar su soledad.

Los más solidarios
decían que iba a su casa
a llorar delante del retrato
de una muchacha morena
que tenía los ojos cerrados
y a la que él pedía compasión.

Desquiciado,
huyo de los consejos
de Sònia,
tan sensatos,
de los de Sole,
así se llama,
tan insensatos,
de los de mi lejana madre
(«Cuidado al cruzar la carretera»).
Busco un tiempo que no existe,
un lugar que no existe,
busco no existir,
regreso a todo lo que he olvidado
o jamás ocurrió,
huyo del crucifijo
de la madre Rita, que me dice:
«Hijo mío, no peques».
Finalmente encuentro reposo
en lo que jamás diré
y que está oculto aquí,
en este poema.

Por este cielo lleno de gaviotas
paseaba yo
cuando era capaz de imaginar
mi malvivida vida
y llenarla de aves y de pétalos.
En esta casa
de puertas y ventanas abiertas,
de un lecho con la melena rubia
de quien llevo en el corazón,
quise morir yo. Despertarme
en la luz
de la lluvia londinense.
A este cementerio
llevé a mis padres
y ahora voy
para ver si me encuentro.
Dejo mi ropa en el pozo
donde cayó Ventejo.
Dejo las palabras
en el pozal
y aúllo que venga a rescatarme
mi madre,
que está en el espejo
pintándose los labios.
Regreso al cielo
donde nunca viví.
Y en esta soledad
vuelvo a encontrarme.

He leído en la prensa
que Manuel Hernández,
más conocido como Manolo
el de las cien virtudes,
cumple hoy,
4 de octubre de 2022,
sesenta años
dormido en un sillón
porque, dice
una de sus cien hermanas,
y todas de la misma madre,
que duerme ahíto
por todo el agua que ha tomado
celebrando que tiene
la misma edad que su padre
a su edad. Pero no es cierto.
Está sobrio y, apenas aparece
Isa con un cigarrillo en los labios,
apagado porque no fuma,
se levanta sonriendo
y empiezan a bailar
un baile que no cesará
hasta que leamos en la prensa
que el 4 de octubre de 2023
cumple sesenta y un años
al compás de la música
que no cesa.

Vi tanto amor
aquella noche
que todavía ahora,
a plena luz del día,
vivo en la oscuridad.

Mi corazón está
tan ajeno a mí
que no he podido encontrarlo.

Iba por las calles de Barcelona
mendigando un trozo de papel
para escribir el poema
que me revelara el secreto
que siempre me había atormentado.
Entonces me encontré
con Soledad Hernández
recién regresada
de un paseo por los Alpes
y me preguntó
por qué lloraba.
Yo no lloraba
pero ella había visto las lágrimas
de mi corazón
y me pidió que esperara,
que iba a comprar un pañuelo
para secar mi tristeza.
Al rato apareció
con un Moleskine
y me dijo: «Te lo doy
con una condición:
que en su primera página
me escribas un poema».
Y aquí está.
No por eso dejaré de llorar
el secreto que me atormenta
y para el que me he quedado
sin palabras.

Here lies one whose name
was writ in water.

JOHN KEATS

Cuando en casa había mar
se acercaba la batelera a mi cama
solicitando el amor
que yo ya había dado
a la sirena de la playa.
Fue en una primavera
interminable,
el olor a jazmín me llegaba
como llegan
los recuerdos de la infancia,
me embriagó el corazón
y la mirada,
me olvidé de quién soy
para ser ella:
sus senos, sus pezones, su pubis
su boca que suplicaba
con palabras que no pude entender
como son las palabras de amor.
Se alejó la batelera
y volví a la soledad de siempre.
Los amores que no existen
se inventan
como yo invento una cama
y un mar,
una sirena y una batelera,
reales como este poema
escrito en el agua.

Como lobos de mar
agonizando.
Como una dulce música
cegada por los aullidos
del bosque.
El lobo que en mi casa
comparte la mesa familiar.
Las flores muertas
del cementerio.
Unos versos lejanos
todavía no escritos.
Y ser lo que seré
en las ventanas cerradas
de mi infancia.

Huir de la deslumbrante claridad,
refugiarse en el bosque
donde me acoja
el aleteo de los pájaros.
Seguir las huellas de la sombra
de cada árbol
hasta llegar a la luminosa
oscuridad del origen.

Quisiera ser poema
como Juan Ramón Jiménez.
Quisiera ser las letras
que aprendí en la infancia,
palabras que creaban imágenes.
¿Queremos ser lo que somos
o somos lo que no queremos?
La primera palabra,
la primera niña en el espejo,
sus primeras lágrimas,
el primer pájaro muerto
en el jardín de las flores
sembradas por mi mano.
Todo lo que fuimos
lo será para siempre
como cuando llega la música
y cesa el tiempo
para vivir en el instante
donde habita el poema.

¿Y si en lugar de corazón
tuviésemos un insecto,
una flor,
una zinnia, un cardo,
una efímera amapola?
¿Y si en lugar de palabras de amor
tuviésemos amor?
Pasan carretas llenas de algarrobas,
una anciana borracha,
un colegio de niñas que huyen
hacia lo desconocido.
¿Y si en lugar de difuntos
estuviese la mesa familiar
de antes de vivir la muerte?
Se besaban en la boca
llena de tierra,
se desnudaban
en la primera luz del día,
la que más dura,
se peinaban el pubis.
Alguien escribía poemas
en la arena.
¿Y si no fuesen poemas
sino la caligrafía
de las lápidas?
Me exijo silencio
y obedezco.
Me consuela el dolor.
El corazón se aleja

para siempre,
se puebla el aire de insectos,
de pétalos,
en el céfiro de la nada
donde yace el corazón.

Iban en fila india los Hernández,
la madre en una silla gestatoria.
No iban a ningún sitio.
Estaban donde estaban.
Cantaban—mal—bajo la lluvia
y bajo el sol.
Llevaban en sus cunas a los perros,
y al verme llegar desde muy lejos,
cerraban los ojos para no verme.
Ellos en fila india y yo
condenado a ser
el último de la fila, solo
como una estrella fugaz
o un lagarto en la pared de cal.
Me vengaré, dije riendo,
pues somos como hermanos.
Y riendo les escribo este poema.

Me despido de todo lo que veo.
De la iglesia de San Pedro del Masnou
anclada en el cielo,
de la Escuela Municipal
donde oigo a los niños
no sé si riendo o llorando.
Del paisaje de casas cubistas.
Me despido de todo
menos de ti,
que estás también donde no estás.
Te beso en la mejilla
como si acabase de conocerte.
Me voy por el camino más largo
para encontrarte de nuevo
y besarte la otra mejilla.
Llego a casa y te busco
por todos los rincones,
pero no hay nadie.
En el espejo estás tú
de espaldas, desnuda
y allí están mis ojos
suplicando
que me liberes de este suplicio.
Abro la puerta del Paraíso
y entro.
Te vuelves y me ofreces la manzana
que acepto a cualquier precio.
No regresaré a la Tierra.
Nadie que ha entrado en un espejo

saldrá de él,
de este espejismo
en el que saboreamos nuestro encuentro.

No la llamaban botijo
por el estrepitoso volumen de su culo
ni por la saliva de su boca
al hablar,
ella que hablaba mucho,
ni por haber nacido en Argentona.
Botijo pese a sus manos de pianista,
su cintura de princesa de cine,
su voz de ruiseñor en primavera,
frondosos el cabello y el pubis.
La llamaban así
porque éste era su apellido.

Necesito volver
a algunas de las mesas de mi vida.
La de la cocina del Masnou
acompañando a mi madre,
cocinera por matrimonio.
A la del cuartito de Rambla de Cataluña
donde aprendí torpemente
álgebra como si fuera un jeroglífico,
latín que todavía no entiendo
a no ser que sea el eclesiástico,
gramática para poder escribir
más tarde mis vidas en poemas.
La mesa del jardín
cubierta de las hojas
de árboles que murieron.
Y la mesa que está por llegar,
que todavía no he visto,
pero que he escrito.

El anciano
juega con la muñeca
que le dejó su difunta esposa,
le da papillas,
le cambia los pañales,
la lleva al retrete
contento de que no orine
y, tapándole los ojos,
orina él.
Llega el cartero
con un sobre sin dirección.
Llora la muñeca.
La consuela el anciano
y la lleva al colegio.
La esperará en el parque
sentado en el banco
donde pronto llegará la anciana
con su falda de muñeca
y sus calcetines de perlé,
para así regresar
a cuando fueron niños.

Una flor en el desierto.
Una estrella en el cielo.
Una palabra
que encierra todas las palabras.
Un Dios y su creyente.
Sònia: *una lacrima sul viso.*
Un concierto de una sola nota.
La sombra de un seno.
Una cárcel vacía.
Diez menos nueve.
Un pueblo de una calle.
Una calle de una casa.
Un nombre y una lápida.
Este poema.

Cuando Sònia sale la casa
se llena de un vacío insoportable.
Abro las ventanas y la llamo
pero no oigo mis palabras.
Salgo al jardín,
recojo unas flores que sembró mi madre
cuando vivía
y lleno el lecho de pétalos.
Si no regresa pronto
volveré a fumar
y a escribir sandeces.
Pues sandio es
el que se ha quedado
sin el corazón de la amada.

Abandonado su cetro en la ceniza,
sin más ropa que la que le ofrece
su cuerpo desnudo,
solicita limosna a los mendigos,
que le rechazan,
y en el aire podrido
del que fuera su reino,
trastabillando,
se dirige al desierto
donde está su trono
roído por la carcoma,
en compañía de un perro
ciego.

Le dolía tanto el alma
que tuvo que buscar refugio
en el monasterio cisterciense
de Poblet.
El prior le echaba en cara,
benevolente, su excesiva delicadeza,
y, benevolente, le permitía
que en lugar de la huerta
creara un jardín.
El convento se llenó
de color y alegría.
Se presentaban los monjes
en el refectorio
con flores que se intercambiaban.
Ignorantes de cómo se llamaban,
las bautizaron de nuevo
con bellos nombres
más paganos que eclesiásticos,
pues las flores,
más que divinas, son paganas.
El jardín del poema,
lo llamaron.
Se abrieron las puertas del convento.
y ya no se oyó más el silencio.
Es así como el Vaticano decretó
que todos los monasterios
fueran vergeles
y le pidió al floricultor
Joaquín Masoliver

—que en homenaje a su mujer,
y por lo que de femenino
tienen las flores,
firmaba sus libros como Magda—
que dejara testimonio en sus escritos
de la belleza espiritual
de estos jardines
que embriagan el alma.

Le pregunté a mi madre
por qué me había nacido
y cerró los ojos
como si quisiera alejarse de la vida
y de mí.
«Cuando naciste,
en lugar de llorar sonreías,
y para mí fue como una maldición
saber que pronto aprenderías
a llorar
y pedí al Dios en el que no creía
que te desnaciera
y volvieses
al apacible vacío
de antes de nacer.
No preguntes nada más, hijo mío,
todo lo que preguntes será herirme
donde te nací.
Si estás condenado a vivir,
vive en silencio.
No volveré a nacerte,
te lo juro.
Y cuando llegue el día
del cementerio

te acompañaré como la novia
que acompaña al novio
que nunca tuvo».

Érase un rey
que detestaba la monarquía.
Aparecía en el balcón
con la corona ladeada
como un borracho
recién salido de la taberna.
Le gustaba acariciar
las tetas sudadas de las doncellas,
jugaba al billar
con un pitillo en la boca,
eructaba en las comidas
y contaba chistes verdes
en las recepciones,
en inglés, francés, catalán o italiano
según el país del embajador
o del colega (así los llamaba).
Un día, ya de noche,
se fue a la sala de baile
de La Calandria.
Era buen bailarín
y, además,
le gustaba recorrer el reino
para codearse
con lo que él llamaba el vulgo.
Sentada en una silla, junto a su madre,
había una muchacha rubia
de ojos de colores misteriosos
y se acercó a ella.
Bailaron hasta el amanecer.

Él prometió regresar.
Una vez en el palacio
abandonó su trono,
no sin antes nombrar
princesa republicana
a la muchacha de La Calandria.
Y ahora viven en El Masnou
y se hace llamar Tono
como un republicano cualquiera.

Leerás más tarde
lo que escriba ahora,
no hay prisa ninguna,
no es poca fortuna
que sepas leer.
Déjame que escriba
lo que estoy pensando,
de nuevo un secreto
que revelaré
cuando me lo cuente
quien me sé y no digo.
Lo que escriba ahora
son cosas que ignoro,
lo que ella oculta
y que yo no sé.

Sigo sus huellas
en la arena de la playa
hasta que la encuentro
tomando el sol
en una tumbona.
«Te he estado buscando
toda la mañana, Anémona».
«¡Pero si ése no es mi nombre!».
«Sólo te llamo Anémona
cuando estás ausente,
porque me duele tanto
llamarte Sònia».

El corazón es un cofre
en el que palpita
todo lo vivido
por la memoria.
Pasa el sacerdote
con la extremaunción.
Llama a mi casa.
No hay nadie
o no responde nadie.
En las casas de pueblo,
nadie abre
las puertas a la muerte.
Los cofres abandonados,
las hojas en blanco
de lo todavía no vivido.
Ahora recuerdo aquel amor
que llamaba a mi puerta.
Y el día en que la abrí
yo ya no estaba.

Finalmente revelo el secreto
al oído de Sònia,
por qué me duele
el lado izquierdo del cuerpo
cada vez que escribo,
y por qué me duele
cuando dejo de escribir
mientras salgo al jardín
de las anémonas
que plantaron mis padres
para consolarme
de aquel secreto compartido.
Escucho los tranvías del pasado,
regreso a las puertas del colegio,
busco en el bosque
todo lo que ha dejado de existir,
camino a ciegas
para verte mejor en la memoria.
Regreso a la casa vacía.
Sònia se ha ido
con mi secreto a cuestas,
un secreto compartido
que nunca revelará.
Se ha ido con mi dolor.
Y yo escribo sus pasos
que me llevarán al Paraíso.

«Dejad toda esperanza
los que entráis».
Un ángel rubio
de ojos de colores misteriosos
me conduce al poema
que no me creí digno de escribir
y donde está
la última palabra del jardín.
Veo a lo lejos la puerta
ahora abierta
del poema que soñaba.
Por un camino sin fin
huyo del Infierno y del Purgatorio
en este vivir sin vida
donde muero porque no muero.
Cierro los ojos para ver mejor
lo que estaba oculto
y ahora diviso
en el último tramo
de esta aventura
del dolor y del amor
la palabra que me lleva
al centro del poema:
Sònia.

Esto no es un poema,
me dice,
ni tú eres tú.
Me has dejado sola.
Deja de escribir
y cuélgate de un árbol
como Judas,
por traicionarme a mí
y a la poesía.

Antes de acostarme
paso por el dormitorio de mi padre
para darle un beso de buenas noches.
Me siento en la silla
donde me he me sentado siempre
y me quedo allí, en silencio.
Miro el armario
donde está su ropa inglesa
y sus camisas de seda
de Pellicer,
el cuadro que Miquel Villà
pintó cuando yo era un niño,
la foto de mi hermano Juan Ramón
al que no pude llorar cuando murió
porque yo todavía no había nacido.
Agobiado por el silencio
le pido perdón por todo
de lo que me siento culpable,
y no espero que él me perdone.
Me levanto, voy al comedor
y cojo una rosa del jarrón.
Regreso al dormitorio.
«Mira, papá, la flor
del rosal que plantaste
por mi primera comunión.
¡Mira, papá, mira!»,
le digo, llorando.
Pero él sigue con los ojos cerrados.
Hace mucho que no los abre.

Dejo la flor en su lecho
y salgo del dormitorio.
Me acuesto
y, como todas las noches,
cierro los ojos
y pienso en mi padre.

Navego en un velero
empapado de luz
en busca de mi alma
en el eterno horizonte
detrás del cual está
la muerte.

En mi casa todo llora.
Lloran las hojas de los árboles,
lloran los pétalos de las flores,
llora la hierba,
llora el vidrio de la ventana,
llora el pájaro en su jaula,
lloramos mi madre y los hermanos,
sólo mi padre ya no puede llorar.

Condenados a estar donde estamos,
anclados en el aire para siempre,
nuestra mirada recorre el mundo
y el mundo se escapa continuamente.
Vivimos en paisajes que agonizan
en esta biblioteca de lápidas.
Cerrar los ojos es como olvidar.
Abrirlos, como morir de nuevo.

¿Cuántos años tardaré
en ser completamente infeliz?
Cada vez crece más el dolor,
fallecen familiares, amigos, enemigos,
las plantas de lo que fue un jardín,
la sequía de la tierra
y de los corazones,
los dioses de las iglesias,
los recuerdos.
Pero la felicidad acecha
como una sirena
y moriremos
sin sabernos desdichados.

Todo lo que ha sido mío
dejará de serlo
cuando yo deje de ser.
Lloro ahora la pérdida
de lo que no podré llorar
cuando cesen la piedra, el aire,
las voces y las lágrimas.
Desde la ventana
mi madre me llama
para que vuelva
de donde no estoy.
No puedo volver,
no estoy en ningún sitio,
con nadie,
en este vacío silencioso
que llaman muerte
los que todavía no han muerto.
No puedo volver, madre,
le digo sin palabras.
Y ella cierra la ventana.

Regreso a aquella casa
y no me espera nadie.
Miro absorto
todo aquel tiempo
en el que jugábamos
a no crecer nunca.

Subo por la escalera de caracol
por si alcanzo a ver
las pantorrillas de Lucía
sin bragas,
como cuando jugábamos
en el lavadero.
Me detengo estupefacto
al ver el sol entre los árboles
empapados de luz,
tres casitas como las de Rio Bo,
una alfombra de flores
y una nube de insectos
como en el jardín de Vilaür.
La belleza de un paisaje
es la belleza de una mujer desnuda,
una mujer desnuda es un paisaje.
En el éxtasis regresa
la sonrisa de mi abuelo muerto.
Y ya en el cielo,
al abrirse las puertas del amor
me sumerjo en la plenitud
como se sumerge el día
en el agua.

Te amo
con intenso dolor.
Ojalá tu amor
me arranque estas espinas.

Cae en el cielo
mi mirada
en busca de la estrella
que fue nuestra diosa
en aquellos días de revelación.
Y hoy busco las huellas del amor,
aquella luz que no se apaga nunca
y que ahora ilumina
la ausencia y el vacío.
Huyen de mí mis ojos
para buscarte
y te encuentro en el cielo
rodeada de ángeles.

¿Cuál es el último libro que leeré?
¿Cuál la última palabra que escribiré?
¿La última que pensaré?
¿Moriré sentado, de pie, en la cama?
¿Quién estará a mi lado?
¿Habrá alguien a mi lado?
¿Sabré si hay alguien a mi lado?
¿Me espera alguien más allá de la muerte?
¿Te oiré llorar, reír,
encender un cigarrillo
expulsando el aire
como yo lo expulsé de mi vida?
¿Volveré a verte
en algún lugar del universo?
¿Moriré con los ojos abiertos
para verme morir?
¿Qué seré o dejaré de ser?
¿Seré ceniza
o polvo enamorado?

Asciendo trescientas escaleras
para llegar al Paraíso
y al final de un resplandor
nunca visto, entre nubes
impregnadas de estrellas,
le pregunto al ángel guardián
dónde está Sònia
y me dice
con una voz que no es humana
como no lo son sus palabras
tejidas en el jardín de los oídos:
«Sònia no está aquí,
está en la Tierra
con su madre y sus hermanos
llorando la ausencia de su amado.
Ve a su casa.
Es allí donde se encuentra
el Paraíso».

Hoy he escrito
mi penúltimo poema.
El último queda lejos.
Tal vez no llegue nunca a él.
Sònia, por favor, ven, tráelo
con tu presencia. ¿Recuerdas
los campos de lavanda imaginados
que nos hacían llorar? ¿Recuerdas
aquella lluvia de relojes
como si se estuviera rompiendo
el tiempo? ¿Y recuerdas
cuando posabas para mí
como si fuera un pintor
de palabras?
Posa de nuevo
y pintaré tu cuerpo
donde se esconde
el último poema.

Oigo el canto del gallo
en el jardín del cementerio
pero no lo puedo entender
porque estoy muerto.
La rubia Angelina,
que había sido monja,
me obsequia con elixir de oblea
que no puedo saborear
porque estoy muerto.
Veo a los niños que juegan
en el patio del colegio
y a un padre que llora
al que no puedo consolar
porque estoy muerto.
Veo a una diosa desnuda
en la avenida de las Camelias
a la que no puedo ver
porque estoy muerto.
Trato de no olvidar un poema
que no puedo escribir
porque estoy muerto.
Sigo a mi ángel de la guarda
hasta las puertas del Paraíso
al que no puedo entrar
porque estoy vivo.

ESTA EDICIÓN, PRIMERA, DE «EN
EL JARDÍN DEL POEMA», DE JUAN ANTONIO
MASOLIVER RÓDENAS, SE TERMINÓ
DE IMPRIMIR EN SANT LLORENÇ
D'HORTONS EN EL MES
DE NOVIEMBRE
DEL AÑO
2024

Otras obras del autor
publicadas en esta editorial

POESÍA REUNIDA
El Acantilado, 14

LA PUERTA DEL INGLÉS
Narrativa del Acantilado, 2

LA MEMORIA SIN TREGUA
El Acantilado, 58

VOCES CONTEMPORÁNEAS
El Acantilado, 94

LA NOCHE DE LA CONSPIRACIÓN DE LA PÓLVORA
Narrativa del Acantilado, 98

SÒNIA
El Acantilado, 168

LA CALLE FONTANILLS
Narrativa del Acantilado, 179

PARAÍSOS A CIEGAS
El Acantilado, 250

EL CIEGO EN LA VENTANA
MONOTONÍAS
El Acantilado, 300

LA INOCENCIA LESIONADA
Cuadernos del Acantilado, 73

LA NEGACIÓN DE LA LUZ
El Acantilado, 352

DESDE MI CELDA
MEMORIAS
El Acantilado, 394

LA PLENITUD DEL VACÍO
El Acantilado, 431